Caderno do Futuro

Simples e prático

História e Geografia

2º ano

3ª edição
São Paulo – 2013

IBEP

Coleção Caderno do Futuro
História e Geografia
© IBEP, 2013

Diretor superintendente	Jorge Yunes
Gerente editorial	Célia de Assis
Editor	Renata Regina Buset
Assessora pedagógica	Valdeci Loch
Assistente editorial	Fernanda Santos
Revisão	André Tadashi Odashima
	Berenice Baeder
	Luiz Gustavo Bazana
	Maria Inez de Souza
Coordenadora de arte	Karina Monteiro
Assistente de arte	Marilia Vilela
	Tomás Troppmair
	Nane Carvalho
	Carla Almeida Freire
Coordenadora de iconografia	Maria do Céu Pires Passuello
Assistente de iconografia	Adriana Neves
	Wilson de Castilho
Ilustrações	José Luís Juhas
Produção gráfica	José Antônio Ferraz
Assistente de produção gráfica	Eliane M. M. Ferreira
Projeto gráfico	Departamento de Arte Ibep
Capa	Departamento de Arte Ibep
Editoração eletrônica	SG-Amarante Editorial

CIP-BRASIL. CATALOGAÇÃO-NA-FONTE
SINDICATO NACIONAL DOS EDITORES DE LIVROS, RJ

P32h
Passos, Célia
    História e geografia : 2º ano / Célia Maria Costa Passos, Zeneide Albuquerque Inocêncio da Silva. - 3. ed. - São Paulo : IBEP, 2012.
    il. ; 28 cm. (Novo caderno do futuro)

    ISBN 978-85-342-3515-0 (aluno) - 978-85-342-3520-4 (mestre)

    1. História - Estudo e ensino (Ensino fundamental). 2. Geografia - Estudo e ensino (Ensino fundamental). I. Silva, Zeneide II. Título. III. Série.

12-8651.   CDD: 372.89
                                                                   CDU: 373.3.0162:930
27.11.12   28.11.12   040989

1ª reimpressão - 2013

3ª edição - São Paulo - 2013
Todos os direitos reservados.

IBEP

Av. Alexandre Mackenzie, 619 - Jaguaré
São Paulo - SP - 05322-000 - Brasil - Tel.: (11) 2799-7799
www.editoraibep.com.br   editoras@ibep-nacional.com.br

Cromosete - Dezembro 2017

SUMÁRIO

BLOCO 1 4
Eu

BLOCO 2 14
A família
O sustento da família

BLOCO 3 19
A casa
Tipos de moradia
Cômodos de uma casa
Construção de uma casa

BLOCO 4 28
A escola
O trabalho na escola
A sala de aula
Direitos e deveres
O caminho da escola

BLOCO 5 39
O bairro

BLOCO 6 42
O nascente e o poente

BLOCO 7 45
O tempo
O relógio
O calendário
As estações do ano

BLOCO 8 52
A paisagem
Paisagem natural e paisagem modificada

BLOCO 9 56
Meios de transporte
Os sinais de trânsito

BLOCO 10 64
Meios de comunicação

BLOCO 11 69
O trabalho

BLOCO 12 74
Festas e datas comemorativas

BLOCO 1

CONTEÚDO:
- Eu

1. Leia o poema:

TODAS AS CRIANÇAS DO MUNDO

Seja Rodrigo ou Patrícia,
Seja Mônica ou Letícia,
Seja Pedro, Paula, André,
Seja Inês ou Mariana,
Lucila, Carmem, Joana,
Seja Bento, seja Zé...

Seja Dora ou Madalena,
Seja Fernanda ou Helena,
Seja Eduardo, Izabel,
Cláudia, Renata, Maria,
Fábio, Roberto, Luzia,
Henrique, Sônia, Miguel...

Seja Marcelo ou Cassiano,
Seja Tiago ou Juliano,
Diogo, Denise, Ana,
Teresa, Célia, Raul,
Abraão, Samuel, Saul,
Luísa, Carlos, Adriana...

Beatriz, Mara, Regina,
Augusto, Mário, Cristina,
Alexandre ou Wladimir,
Flávio, Márcia ou Reginaldo,
Walter, Ângela, Agnaldo,
Temístocles, Jurandir...

Seja Esther, Débora, Bia,
Seja Maria Amélia ou Lia,
Seja Hebe, Edu, Caloca,
Seja Bruno, Fanny, Lília,
Seja Lúcia, seja Emília,
Naum, Teté ou Miloca...

Estela, Edy, Antonieta,
Vinícius, Sérgio, Marieta,
Chico, Caetano, Gracinha,
Gil, Mílton, Juliana, Mauro,
Jorge, Armando, Rubens, Lauro,
Nivaldo, Arthur ou Laurinha...

Lucas, Rose Gabriela,
Seja Álvaro ou Manuela,
Betty, Luís e João,
Alberto, Rui e Susana,
Frederico, Luciana,
Felipe, Sebastião...

Antônio, Marcos, Anita,
José, Jerônimo ou Rita,
Vera, Mariana, Marília,
Eliana, Manuel,
Sílvia, Alice, Rafael,
Clara, Lourenço, Cecília...

Geraldo, Edith, Ricardo,
Eunice, Cecy, Leonardo,
Das Dores ou Conceição,
Pepe, Gustavo, Raimundo,
Toda criança do mundo
Mora no meu coração!

Ruth Rocha. *Todas as crianças do mundo*. FTD, 1992.

2. Represente você.

Eu sou assim:

3. Faça aqui seu autorretrato expressando os sentimentos de:

Tristeza

Alegria

4. Você sabe a história do seu nome? Procure descobrir e preencha os dados a seguir.

a) Quem teve a ideia de escolher seu nome?

b) Qual o motivo da escolha do seu nome?

c) Que outros nomes foram sugeridos?

d) Você gostaria de ter outro nome? Por quê?

e) Tem mais alguma coisa que você deseja saber sobre a escolha do seu nome? Registre aqui.

Ficha de registro

Meus dados pessoais:

Nome:

Apelido:

Data de nascimento: de   de

Cor dos olhos:

Cor da pele:

Cor dos cabelos:

Peso: kg

Altura: cm

Os meus passatempos favoritos:

Música:

Livro:

Filme:

Esporte:

Coisas que eu quero aprender:

5. Cada pessoa tem uma história de vida. Na sua opinião, qual é a coisa mais importante na sua história de vida?

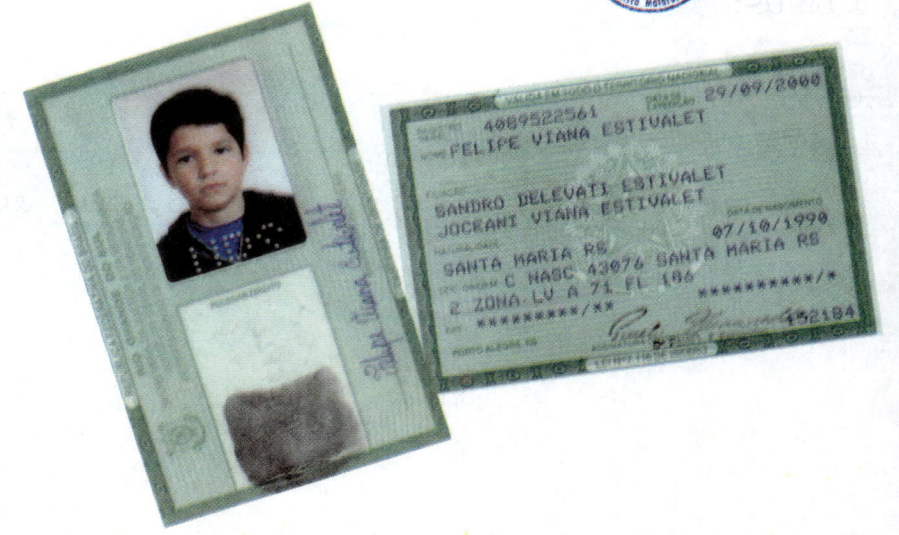

Lembre que:

- Está escrito no terceiro artigo do Estatuto da Criança e do Adolescente que toda criança tem direito a um **Nome** e **Sobrenome**.

- Para comprovar sua identidade são necessários alguns documentos, como a **Carteira de Identidade** e o **Registro de Nascimento**, documentos que trazem informações importantes sobre a pessoa. Documento é uma declaração escrita que serve para provar alguma coisa. O seu Registro de Nascimento prova qual é o seu nome, o dia em que você nasceu, quem são seus pais etc.

6. Você já leu a sua Certidão de Nascimento?

☐ Sim ☐ Não

Peça a seus pais uma cópia da sua Certidão de Nascimento para ajudá-lo a responder a algumas perguntas:

a) Qual é seu sobrenome?

b) Você sabe a origem do seu sobrenome?

c) Em que dia e hora você nasceu?

d) Qual o local do seu nascimento?

e) Você tem apelido?

☐ Sim ☐ Não

Caso tenha, escreva-o aqui.

f) Você conhece alguém que tenha o sobrenome igual ao seu?

☐ Sim ☐ Não

Se conhece, quem é essa pessoa?

g) Cada pessoa tem uma história de vida. Na sua opinião, qual é a coisa mais importante na vida? Justifique.

O tempo passa... A pessoa cresce

À medida que você cresce, seu corpo sofre mudanças. E o tempo vai passando.

Observe a seguir o exemplo da linha do tempo de uma criança nascida no ano de 2007.

0
2007
Nascimento

1 ano
2008
Começou a andar

2 anos
2009
Entrou para a escola

3 anos
2010
Participou da 1ª festa junina

4 anos
2011
Aprendeu a nadar

5 anos
2012
Recebeu o diploma da Educação Infantil

6 anos
2013
Aprendeu a ler

10

7. Construa sua linha do tempo.

O dia a dia de uma criança

Antônio é uma criança que tem 7 anos de idade.
Observe o que Antônio faz todos os dias:

- Levanta-se e escova os dentes.
- Toma banho.
- Toma o café da manhã.
- Vai à escola.
- Almoça e descansa.

- Faz as tarefas escolares.
- Brinca com os amigos.
- Janta.
- Reza.
- Dorme.

8. E você? Quais são as atividades do seu dia a dia?

a) Logo que me levanto:

b) Depois do almoço:

c) Depois da aula:

d) Depois do jantar:

9. O que você faz no fim de semana?

10. Você tem amigos? Escreva o nome de três deles.

11. O que você mais gosta de fazer quando está com seu amigo?

BLOCO 2

CONTEÚDOS:
- A família
- O sustento da família

Lembre que:
- A família é responsável pela primeira educação de uma criança.
- A família é uma comunidade.
- O pai, a mãe, os filhos e outros parentes formam uma família.
- Cada família tem sua história.

1. Pesquise e cole:

a) Uma família com muitas pessoas.

b) Uma família com poucas pessoas.

As famílias são muito diferentes. Mas uma coisa deveria ser comum a todas as famílias: conviver com respeito e amor, e trabalhar para o bem comum.

2. Sua família é grande ou pequena?

3. Quantas pessoas moram com você na sua casa?

4. Complete as frases:

   a) Uma família é formada pelo ...., pela ...., pelos .... e por outros ....

   b) O avô paterno é o pai de ....

   c) A avó paterna é a mãe de ....

   d) O avô materno é o pai de ....

   e) A avó materna é a mãe de ....

5. Escreva o nome de seus avós:

   a) Meu avô paterno chama-se ....

   b) Minha avó paterna chama-se ....

   c) Meu avô materno chama-se ....

   d) Minha avó materna chama-se ....

6. Relacione os nomes às descrições:

1. tio
2. tia
3. primo
4. avô
5. avó

☐ filho da titia ou do titio
☐ mãe da mamãe ou do papai
☐ irmão da mamãe ou do papai
☐ pai do papai ou da mamãe
☐ irmã do papai ou da mamãe

7. Complete as frases corretamente com estas palavras:

primo	sobrinho	irmão	neto	filho
ou	ou	ou	ou	ou
prima	sobrinha	irmã	neta	filha

a) Eu sou _____ do papai e da mamãe.

b) Eu sou _____ da vovó.

c) Eu sou _____ do filho da titia.

d) Eu sou _____ do titio.

e) Eu sou _____ do meu irmão.

Para viver bem, uma família precisa ser unida.

8. Marque com um x o que deve haver numa família unida:

- [ ] amor
- [ ] conversa
- [ ] respeito
- [ ] amizade
- [ ] discussão
- [ ] briga
- [ ] colaboração
- [ ] alegria

9. Escreva uma frase sobre sua família.

10. Escreva o nome das pessoas que fazem parte de sua família.

11. Você é o filho mais velho, o do meio, o caçula ou é filho único?

Lembre que:

- Muitas vezes, a mãe e o pai trabalham fora de casa para poder **sustentar a família**. Outras vezes, apenas o pai ou a mãe trabalha fora. Mas lembre-se de que aquele que cuida da família e da casa também está trabalhando, embora não ganhe dinheiro por esse trabalho.

12. Papai e mamãe trabalham assim:

- Mamãe trabalha
- Papai trabalha

13. Procure saber se a renda familiar é suficiente para o sustento de toda a família. Assinale com um x.

- [ ] Sim
- [ ] Não

Por quê?

17

14. Existe outra pessoa que ajuda no orçamento da sua casa?

Quem?

De que forma?

15. Responda. Na sua casa:

a) Quem trabalha fora?

b) Quem estuda?

c) Quem compra os alimentos?

d) Quem cuida da limpeza e da arrumação?

e) Quem lava a louça?

f) Quem lava a roupa?

g) Quem cozinha?

BLOCO 3

CONTEÚDOS:
- A casa
- Tipos de moradia
- Cômodos de uma casa
- Construção de uma casa

Lembre que:

- As pessoas precisam de um lugar onde possam comer, tomar banho, dormir, brincar etc.
- Esse lugar é a casa onde moramos.
- A casa também é chamada de residência ou lar. Todas as pessoas precisam de uma moradia, que pode ser construída com diferentes materiais: tijolos e cimento, madeira, barro amassado etc.
- Todas as pessoas têm direito a uma moradia! No entanto, há pessoas que não têm moradia e vivem em abrigos ou nas ruas.

1. Desenhe a casa em que você mora:

Lembre que:

- As casas não são todas iguais.
- Alguns tipos de moradias:
  → **oca**: moradia dos índios. Feita de palha e varas;
  → **casa de taipa ou pau a pique**: feita de ripas ou de varas cruzadas e barro;
  → **palafita**: moradia feita de madeira, erguida do chão por madeiras fincadas nas beiras dos rios ou em lugares alagados;
  → **prédio de apartamento**: abriga várias residências. Feito de bloco de concreto ou tijolo de barro, areia, cimento e outros materiais;
  → **casa de alvenaria**: feita de tijolo de barro ou de bloco de concreto, areia, cimento e outros materiais. A casa pode ser térrea, com um só andar, ou sobrado, com mais de um andar.

2. Preencha os espaços em branco com as palavras do quadro:

casa - comemos - família
brincamos - dormimos

a) Toda _____ precisa ter uma _____ para morar.

b) A casa é o lugar onde _____, tomamos banho, _____, _____ etc.

3. Relacione corretamente os tipos de moradia:

1. Tipo de construção na qual há muitas residências.
2. Casa feita sobre estacas em lugares alagados.
3. Tipo de moradia dos índios.
4. Tipo de casa encontrada nas favelas.
5. Casa construída com cimento e tijolos.

☐ oca
☐ casa de alvenaria
☐ barraco
☐ edifício de apartamentos
☐ palafita

4. Procure em revistas figuras que representem os diversos tipos de moradia que temos hoje em nosso país.

5. Procure no quadro os nomes dos tipos de moradia relacionados abaixo.

1. cabana
2. sobrado
3. favela
4. barraco
5. oca
6. casarão
7. caverna
8. palafita
9. prédio
10. castelo

B	A	R	R	A	C	O	O	C	A	C	C
C	P	A	L	A	F	I	T	A	U	A	A
A	S	N	P	R	É	D	I	O	P	S	V
B	X	P	R	A	S	T	U	I	O	A	E
A	S	O	B	R	A	D	O	R	N	R	R
N	S	C	F	A	V	E	L	A	B	Ã	N
A	C	A	S	T	E	L	O	E	V	O	A
X	N	I	U	O	T	R	Q	O	F	D	O

6. Observe abaixo os tipos de moradia e marque a que mais se parece com a sua:

a) ☐ ☐

☐ ☐

☐ ☐

b) Quantas pessoas moram na sua casa?

22

7. Escreva o nome das pessoas que moram em sua casa.

8. O que você entendeu por moradia?

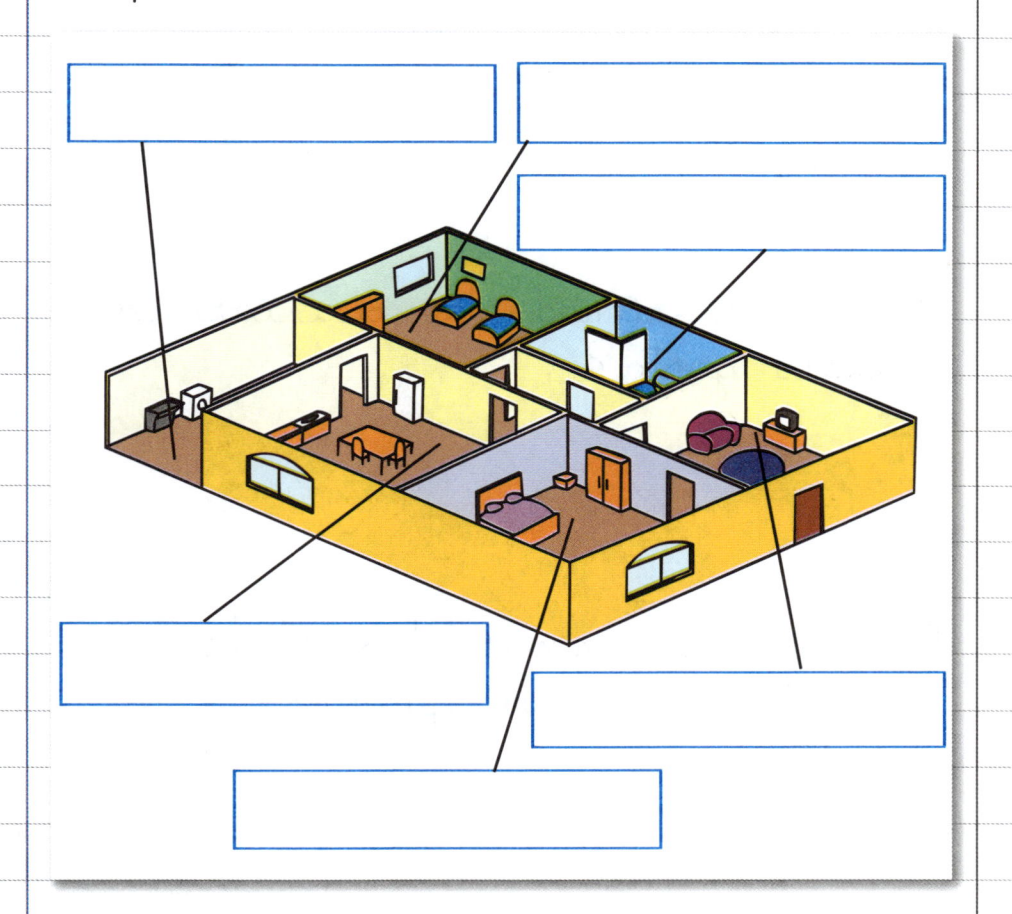

9. Escreva o nome dos cômodos que podem ter uma casa:

10. Como se chamam as divisões de uma casa ou apartamento?

11. Cite o nome de alguns cômodos que uma casa pode ter:

Lembre que:
- **Planta** é o desenho que representa espaços e locais.
- **Cômodos** são as divisões de uma casa.

23

12. Quantos cômodos tem sua casa? Quais são eles?

13. De qual cômodo de sua casa você mais gosta?

14. Escreva os nomes dos objetos existentes em um quarto:

15. Preencha a cruzadinha com as palavras que completam as frases:

a) Tomamos banho no _____.

b) Fazemos a comida na _____.

c) Dormimos no _____.

d) Recebemos visitas na _____.

16. Que materiais podem ser usados na construção de uma casa? Pinte os quadrinhos que indicam esses materiais:

| cimento | algodão | tijolo | pedra |

| madeira | cal | papel | telha |

17. Ligue cada trabalhador ao que ele faz:

vidraceiro • • pinta a casa

encanador • • faz o desenho da casa

eletricista • • coloca os vidros

pintor de parede • • coloca o encanamento

arquiteto • • coloca os fios elétricos

> **Lembre que:**
> - As casas geralmente têm endereço.
> - O endereço mostra:
>   → o nome da rua, avenida ou praça onde está a casa;
>   → o número da casa;
>   → se for apartamento, qual é o número, o andar, o bloco;
>   → o CEP (Código de Endereçamento Postal);
>   → o bairro, a cidade e o estado.
> - Cada um deve saber o endereço da casa onde mora.
> - Vizinhos são as pessoas que moram nas casas próximas da nossa.

18. Em qual bairro você mora?

19. Qual é o nome da rua onde você mora?

20. Qual é o CEP da rua onde você mora?

21. Você mora em uma casa ou em um apartamento?

22. Represente a sua moradia como ponto de referência. Depois, desenhe as outras construções que compõem o quarteirão onde você mora.

a) As pessoas precisam ter um endereço como ponto de referência. Qual é o seu?

b) As ruas próximas à minha casa são:

c) Se você ficar de costas para a entrada da sua casa, o que existe:

- à direita?

- à esquerda?

- em frente?

- atrás?

Lembre que:
- Ao lado de nossa casa ficam outras casas residenciais ou comerciais.
- As pessoas que moram nas casas próximas da nossa são nossos vizinhos.

23. Quem são seus vizinhos? Meus vizinhos:

- do lado direito

- do lado esquerdo

- da frente

24. Existe algum ponto comercial próximo de sua casa?

a) Quantos?

b) Quais?

BLOCO 4

CONTEÚDOS:

- A escola
- O trabalho na escola
- A sala de aula
- Direitos e deveres
- O caminho da escola

Lembre que:

- Na escola estudamos, praticamos esportes, brincamos, convivemos com os colegas, os professores e os funcionários.
- Toda escola tem um nome. Esse nome tem uma história.
- As divisões de uma escola chamam-se dependências: sala de aula, diretoria, secretaria, biblioteca, quadra de esportes, cozinha, banheiros etc.
- As grandes escolas têm muitas dependências e as pequenas, poucas.
- Na planta da escola estão representadas as salas de aula e as demais dependências.

Muitas escolas possuem dependências como:

Biblioteca

Parque

Quadra de esportes

Refeitório

1. Você conhece sua escola?

a) Nome da escola:

b) Endereço:

2. Pesquise a história da sua escola seguindo as orientações:

a) Em que ano foi construída?

b) Qual foi o dia da inauguração?

c) Quem escolheu o nome?

d) Qual é o significado do nome da escola?

e) Quantos alunos ela comporta?

f) Alguma coisa mudou na escola desde a sua inauguração?

3. Complete:

a) O diretor ou a diretora da minha escola chama-se _____.

b) Estudo no _____ ano _____, no período da _____.

c) Na minha classe há ____ alunos.

d) O nome do meu (minha) professor(a) é _____.

Lembre que:

- Numa escola, há pessoas trabalhando em várias **atividades** e em diferentes **dependências**:
  → o diretor ou diretora trabalha na diretoria e dirige a escola;
  → os professores trabalham nas salas de aula e orientam os alunos;
  → na secretaria trabalham os funcionários que cuidam dos documentos dos alunos, dos professores e da escola;
  → os serventes cuidam da limpeza de toda a escola;
  → o porteiro fiscaliza a entrada e a saída dos alunos e das outras pessoas na escola;
  → na cozinha, as merendeiras preparam a merenda dos alunos.

4. Marque um ✗ nos nomes das dependências que a sua escola possui:

☐ secretaria   ☐ diretoria
☐ pátio   ☐ salas de aula
☐ biblioteca   ☐ banheiros
☐ sala do supervisor   ☐ quadra de esportes

☐ cantina   ☐ parque
☐ cozinha   ☐ jardim
☐ refeitório   ☐ auditório
☐ laboratório   ☐ sala dos professores
☐ piscina
☐ consultório dentário

5. Complete corretamente:

a) A merenda é preparada na _____.

b) Brincamos no _____.

c) Os livros para pesquisa ficam na _____.

d) A merenda é servida no _____.

e) As carteiras dos alunos ficam nas _____.

f) Praticamos esportes na _____.

6. Ligue cada pessoa à sua atividade na escola:

diretor ou diretora • • cuida dos documentos da escola

professores • • cuidam da limpeza da escola

secretária • • dirige a escola

serventes • • ensinam e orientam os alunos

alunos • • preparam a merenda dos alunos

merendeiras • • studam

7. Complete:

a) Estudo numa escola _____ (pública/particular).

b) Ela tem _____ (um andar/mais de um andar).

c) Ela é _____ (grande/pequena).

d) Ela fica _____ de minha casa (perto/longe).

e) Estudo no horário da _____ (manhã/tarde).

8. Escreva o nome destas pessoas que trabalham na sua escola e suas funções:

a) Diretor(a)

b) Professor(a)

c) Secretário(a)

d) Servente

31

Lembre que:

- A sala de aula é um dos lugares mais importantes da escola. Nela há carteiras, mesa do professor, quadro de giz, mural, cesto de lixo e armários.
- A sala de aula deve ser bem iluminada e arejada e deve estar sempre limpa e arrumada.
- Os alunos devem manter a limpeza e a ordem na sala de aula.

Minha sala de aula e eu

9. O nome dos meus colegas

a) da frente

b) de trás

c) da direita

d) da esquerda

10. Você gosta da sua turma? Por quê?

11. Desenhe o que você mais gosta na sua sala de aula:

12. Escreva os nomes dos seus colegas de sala de aula:

Lembre que:

- É importante que os alunos conheçam seus direitos e deveres.
- **Direitos:**
  → ter um bom ensino e uma boa educação;
  → ter professores competentes;
  → ter um lugar na sala de aula;
  → ter uma escola limpa e agradável;
  → ter um lugar para brincar;
  → ter segurança.
- **Deveres:**
  → ir à escola todos os dias;
  → ser pontual;
  → prestar atenção às aulas;
  → estudar e fazer com capricho suas tarefas;
  → cuidar do material escolar;
  → respeitar o professor, os colegas e todos os que trabalham na escola;
  → zelar pela limpeza da escola.

13. Numere corretamente:

1. direito dos alunos
2. dever dos alunos

☐ Ser respeitado.

☐ Estudar e fazer com capricho suas tarefas.

☐ Ser pontual.

☐ Ter um bom ensino e uma boa educação.

☐ Não faltar às aulas.

☐ Ser atencioso e respeitar o professor ou a professora.

☐ Ter um espaço para brincar.

☐ Zelar pela limpeza da escola.

14. Você gosta da sua escola? Por quê?

15. Escreva três direitos e três deveres dos alunos.

Direitos:

Deveres:

16. Escreva **certo** ou **errado** nos parênteses:

a) Devemos jogar papéis no cesto de lixo. (   )

b) A sala de aula deve estar sempre limpa. (   )

34

c) Os materiais podem ficar espalhados pela sala de aula. (   )

d) A sala de aula deve ser clara e arejada. (   )

e) Podemos riscar as paredes da sala de aula. (   )

Lembre que:

- Os alunos que moram na cidade, no caminho para a escola, podem ver casas, edifícios, igrejas farmácias, praças, lojas, hospitais, supermercados etc. Eles costumam ir à escola a pé, de ônibus, de carro, de metrô etc.

- Os alunos que moram fora da cidade, quando vão para a escola, podem passar por estradas, montanhas, rios etc. Geralmente, eles vão à escola a pé, a cavalo, de bicicleta, de ônibus.

17. Para chegar à sua escola você precisa seguir um caminho. A escola fica perto ou longe de sua casa?

18. Vou para a escola:

☐ de ônibus

☐ de bicicleta

☐ a pé

☐ de automóvel

☐ de metrô

35

19. Desenhe o caminho que você faz para chegar à sua escola:

20. Você faz sempre o mesmo caminho para ir à escola ou costuma mudar o trajeto de vez em quando?

21. No caminho para a escola, eu costumo ver:

- ☐ praça
- ☐ livraria
- ☐ pasto
- ☐ rio
- ☐ ônibus
- ☐ farmácia
- ☐ supermercado
- ☐ estrada
- ☐ açougue
- ☐ telefone público
- ☐ praia
- ☐ escolas
- ☐ clube
- ☐ banco
- ☐ lojas

- ☐ igreja
- ☐ viaduto
- ☐ edifícios
- ☐ hospital
- ☐ morro ou montanha
- ☐ charrete
- ☐ ponte
- ☐ bois
- ☐ feira
- ☐ cinema
- ☐ casas
- ☐ ruas
- ☐ túnel
- ☐ fábrica

22. Observe o quanto é importante para o bom funcionamento da escola as pessoas se respeitarem umas às outras.

- Bom-dia!
- Bom-dia!

- Desculpe-me!

- Dá licença!

- Obrigado!
- De nada!

- Até amanhã!
- Até amanhã!

23. Agora, escolha uma das cenas da página anterior e crie um texto sobre ela.

BLOCO 5

CONTEÚDO:
- O bairro

Lembre que:

- O bairro é uma parte da cidade. É formado por ruas, avenidas, praças e prédios distribuídos em quarteirões.
- Um quarteirão é um espaço cercado por quatro ruas.
- No bairro podemos encontrar residências, casas comerciais, hospitais, delegacia de polícia, bancos, locais de prestação de serviços etc.
- O nome da rua, avenida ou praça e o número formam o endereço de uma casa.
- Nas casas comerciais do bairro podemos comprar produtos de que necessitamos.
- Ao comprarmos um produto, precisamos verificar o preço, a qualidade e a validade.

1. Responda:

a) De que é formado um bairro?

b) Qual é o nome do bairro onde você mora?

c) O bairro onde você mora é tranquilo ou movimentado?

d) Do que você mais gosta no seu bairro?

e) No seu bairro mora alguém da sua família? Quem?

f) No bairro onde mora, já aconteceu algo que você considera importante? O quê?

g) Você conhece outros bairros da sua cidade? Quais?

2. Marque um x nas casas comerciais que há no seu bairro:

☐ livraria
☐ farmácia
☐ padaria
☐ loja de tecidos
☐ floricultura
☐ loja de brinquedos

☐ sorveteria
☐ supermercado
☐ açougue
☐ armarinho
☐ lanchonete
☐ loja de calçados

3. Ligue os produtos aos lugares onde podemos comprá-los:

lanchonete

loja de roupas

açougue

loja de calçados

peixaria

floricultura

40

4. Copie o nome dos produtos de acordo com o local onde são vendidos:

> cereais - cadernos - pão
> verduras - lápis - sorvete
> leite - carnes - ovos - sandália
> peixes - farinha - sapato
> frutas - remédios

- na padaria

- na sorveteria

- na farmácia

- na papelaria

- na feira ou no mercado

- no açougue

- na loja de calçados

5. Responda:

a) Sua mãe costuma ir ao supermercado?

b) Você costuma ir com ela?

c) Quais os produtos que você gosta de comprar no supermercado?

d) Ao comprarmos um produto, o que devemos verificar?

41

BLOCO 6

CONTEÚDO:
- O nascente e o poente

Lembre que:

- Orientar-se quer dizer saber onde estamos ou como podemos ir a algum lugar.
- Para nos orientarmos em qualquer lugar, precisamos saber o nome das ruas, avenidas e praças, conhecer pontos de ônibus, estações do metrô ou de trem etc.
- Para nos orientarmos, precisamos também saber a direção em que está o lugar a ser localizado.
- Podemos usar o **Sol** para nossa orientação:
  - **Nascente:** o lado em que o Sol "surge" no horizonte pela manhã.
  - **Poente:** o lado em que o Sol se "põe" no final da tarde.
- O lado onde o Sol "aparece" é o Leste.
- O lado onde ele "desaparece" é o Oeste.
- Se você estiver olhando de frente para o lado onde o Sol "nasce" – Leste, atrás de você estará o Oeste. À sua esquerda estará o Norte e à sua direita estará o Sul.

- Se você estiver olhando de frente para o lado onde o Sol "desaparece" – Oeste, atrás de você estará o lado Leste. À sua esquerda estará o Sul e à sua direita estará o Norte.

- O Norte, o Sul, o Leste e o Oeste são **pontos cardeais.**
- Uma pessoa também pode se orientar pela constelação do Cruzeiro do Sul.
- Também existe um instrumento próprio para a orientação que é a bússola. No seu mostrador, há um ponteiro que sempre se volta para o Norte.

42

1. Marque com um **x** a resposta certa:

a) O Sol "surge":

☐ à tarde
☐ à noite
☐ pela manhã

b) O Sol "desaparece":

☐ no final da tarde
☐ à noite
☐ pela manhã

2. Responda:

a) Como se chama o lado em que o Sol "aparece" pela manhã?

b) E o lado em que o Sol "desaparece" à tardinha?

3. Se você estiver olhando de frente para o lado onde o Sol "nasce", terá:

- à sua direita, o _____.
- à sua esquerda, o _____.
- à sua frente, o _____.
- atrás, o _____.

4. Escreva **certo** ou **errado**, de acordo com as frases:

a) O Sol "surge" sempre no mesmo lado. ( )

b) O Sol "desaparece" sempre no mesmo lado. ( )

c) O Sol pode ser visto todos os dias. ( )

d) Poente é o lado em que o Sol "desaparece". ( )

5. Imagine que você tenha de indicar o caminho para um amigo que irá visitá-lo. Faça um desenho mostrando como chegar. Indique referências como ruas, praças, lojas, ponto de ônibus, farmácia etc.

BLOCO 7

CONTEÚDOS:
- O tempo
- O relógio
- O calendário
- As estações do ano

Lembre que:

- O tempo pode ser medido em horas, em dias, em semanas e em anos.
- As horas são indicadas pelo **relógio**.
- Uma hora tem **60** minutos.
- No **calendário**, usamos o dia, a semana, o mês e o ano para marcar o tempo.
- Veja o quadro abaixo:

24 horas	formam	um dia
7 dias	formam	uma semana
4 semanas	formam	um mês
12 meses	formam	um ano

1. Marque nos relógios:

a) a hora em que você costuma acordar;

b) a hora em que você vai à escola;

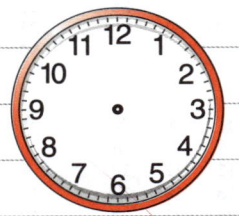

c) a hora em que você gosta de brincar;

d) a hora em que você costuma dormir.

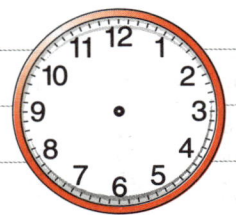

45

Agora, observe o calendário:

Lembre que:

JANEIRO							FEVEREIRO						
D	S	T	Q	Q	S	S	D	S	T	Q	Q	S	S
1	2	3	4	5	6	7				1	2	3	4
8	9	10	11	12	13	14	5	6	7	8	9	10	11
15	16	17	18	19	20	21	12	13	14	15	16	17	18
22	23	24	25	26	27	28	19	20	21	22	23	24	25
29	30	31					26	27	28				

MARÇO							ABRIL						
D	S	T	Q	Q	S	S	D	S	T	Q	Q	S	S
			1	2	3	4							1
5	6	7	8	9	10	11	2	3	4	5	6	7	8
12	13	14	15	16	17	18	9	10	11	12	13	14	15
19	20	21	22	23	24	25	16	17	18	19	20	21	22
26	27	28	29	30	31		23	24	25	26	27	28	29
							30						

MAIO							JUNHO						
D	S	T	Q	Q	S	S	D	S	T	Q	Q	S	S
	1	2	3	4	5	6					1	2	3
7	8	9	10	11	12	13	4	5	6	7	8	9	10
14	15	16	17	18	19	20	11	12	13	14	15	16	17
21	22	23	24	25	26	27	18	19	20	21	22	23	24
28	29	30	31				25	26	27	28	29	30	

JULHO							AGOSTO						
D	S	T	Q	Q	S	S	D	S	T	Q	Q	S	S
						1			1	2	3	4	5
2	3	4	5	6	7	8	6	7	8	9	10	11	12
9	10	11	12	13	14	15	13	14	15	16	17	18	19
16	17	18	19	20	21	22	20	21	22	23	24	25	26
23	24	25	26	27	28	29	27	28	29	30	31		
30	31												

SETEMBRO							OUTUBRO						
D	S	T	Q	Q	S	S	D	S	T	Q	Q	S	S
					1	2	1	2	3	4	5	6	7
3	4	5	6	7	8	9	8	9	10	11	12	13	14
10	11	12	13	14	15	16	15	16	17	18	19	20	21
17	18	19	20	21	22	23	22	23	24	25	26	27	28
24	25	26	27	28	29	30	29	30	31				

NOVEMBRO							DEZEMBRO						
D	S	T	Q	Q	S	S	D	S	T	Q	Q	S	S
			1	2	3	4						1	2
5	6	7	8	9	10	11	3	4	5	6	7	8	9
12	13	14	15	16	17	18	10	11	12	13	14	15	16
19	20	21	22	23	24	25	17	18	19	20	21	22	23
26	27	28	29	30			24	25	26	27	28	29	30
							31						

- Janeiro é o primeiro mês do ano.
- Há meses que têm 30 dias e outros que têm 31 dias.
- Fevereiro tem 28 dias. De quatro em quatro anos, ele tem 29 dias e o ano passa a ter 366 (ano bissexto).
- Usamos o dia, a semana, o mês e o ano para contarmos o tempo.
- A semana tem 7 dias. O primeiro dia da semana é o domingo.

2. Observe no calendário e escreva:

a) Os meses do ano que têm:

30 dias	31 dias

46

b) Os seis últimos meses do ano:

3. Adivinhe quem eu sou e escreva o meu nome:

a) Sou o primeiro mês do ano.

b) Sou o primeiro dia da semana.

c) Sou o mês das férias escolares, no meio do ano.

d) Sou o último mês do ano.

e) Sou o mês mais curto do ano.

4. Faça o que se pede:

Janeiro	Fevereiro	Março

Abril	Maio	Junho

Julho	Agosto	Setembro

Outubro	Novembro	Dezembro

- Marque o mês e escreva o dia do seu aniversário.

- Desenhe uma flor no mês em que comemoramos o Dia das Mães.

- Desenhe um coração no mês em que comemoramos o Dia dos Pais.
- Pinte o mês mais curto do ano.
- Desenhe uma bandeirinha no mês em que comemoramos as festas juninas.
- Desenhe o que você quiser no mês em que comemoramos o Dia das Crianças.
- Faça um x no primeiro mês do ano.
- Desenhe uma árvore de Natal no último mês do ano.

5. Relacione corretamente a coluna das comemorações com a coluna dos meses em que são realizadas:

1. Dia das Crianças
2. Dia dos Pais
3. Festas juninas
4. Natal

☐ dezembro

☐ junho

☐ agosto

☐ outubro

6. Complete as frases:

a) O ano tem _____ meses.

b) O mês de dezembro tem ____ dias.

c) O terceiro mês do ano é _____ e o sexto mês é _____ .

7. Escreva **certo** ou **errado**:

a) O ano tem doze meses.
( )

b) Há meses que têm 30 dias.
( )

c) Setembro é o primeiro mês do ano.
( )

d) Fevereiro é o mês mais curto do ano.
( )

8. Responda:

a) Quando você faz aniversário?

b) Em que mês é o aniversário da sua mãe?

c) Em que mês é o aniversário do seu pai?

49

Lembre que:

- As estações do ano são: verão, outono, inverno e primavera.

O **verão** é a estação em que faz mais calor. Os dias são quentes e de sol forte. Em alguns lugares chove muito.

No **outono** o tempo é ameno, como na primavera.

O **inverno** é a estação em que faz mais frio. No inverno, os dias podem ser chuvosos em alguns lugares e muito frios em outros.

A **primavera** é a estação das flores. O tempo é agradável: nem quente, nem frio.

Em muitos lugares do Brasil faz calor o ano todo. Nesses lugares só há duas estações bem definidas: o verão, época das chuvas, e o inverno, quando não chove.

9. Escreva o nome das estações do ano nos lugares certos:

primavera - verão - outono - inverno

50

10. Como é o tempo:

- na primavera?

- no outono?

11. Complete:

Na maior parte do Brasil, a estação em que faz mais frio é o _____ e a estação em que faz mais calor é o _____.

12. Pinte de azul as roupas que usamos no verão e de vermelho as roupas que são usadas, em alguns lugares, no inverno:

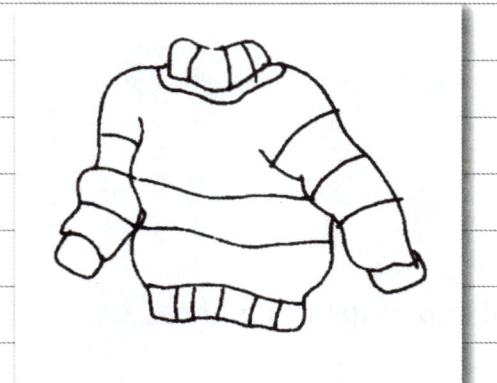

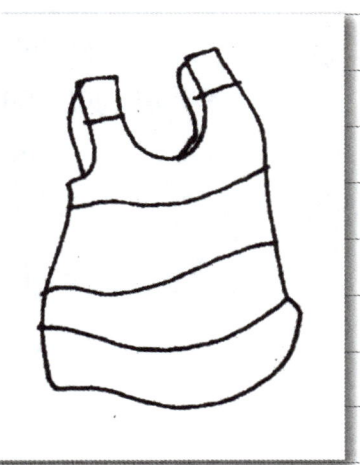

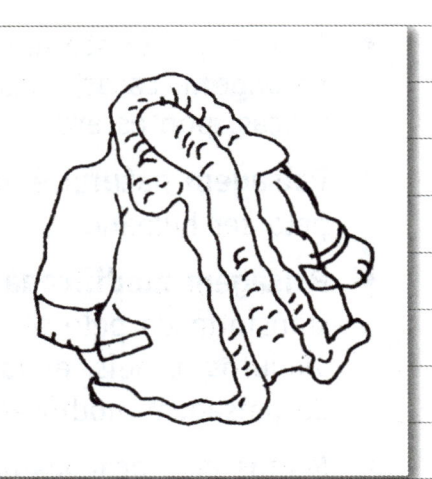

BLOCO 8

CONTEÚDOS:
- A paisagem
- Paisagem natural e paisagem modificada

Lembre que:

- Tudo o que existe num lugar faz parte da **paisagem**: casas, ruas, rios, montanhas, árvores, praças, pontes etc.

- **Paisagem natural** é aquela ainda não modificada pelo ser humano.

- **Paisagem modificada** é a paisagem natural transformada pelo ser humano. As casas, ruas, viadutos, túneis, estradas, pontes etc., fazem parte da paisagem modificada.

- Muitas modificações feitas pelo ser humano prejudicam o meio ambiente, causando danos, como a poluição.

- Todos os seres vivos dependem da natureza. Por isso, não podemos poluir o ar ou os rios, destruir as matas, exterminar os animais.

1. Classifique as figuras abaixo como paisagem natural ou paisagem modificada.

2. Escreva **certo** ou **errado**:

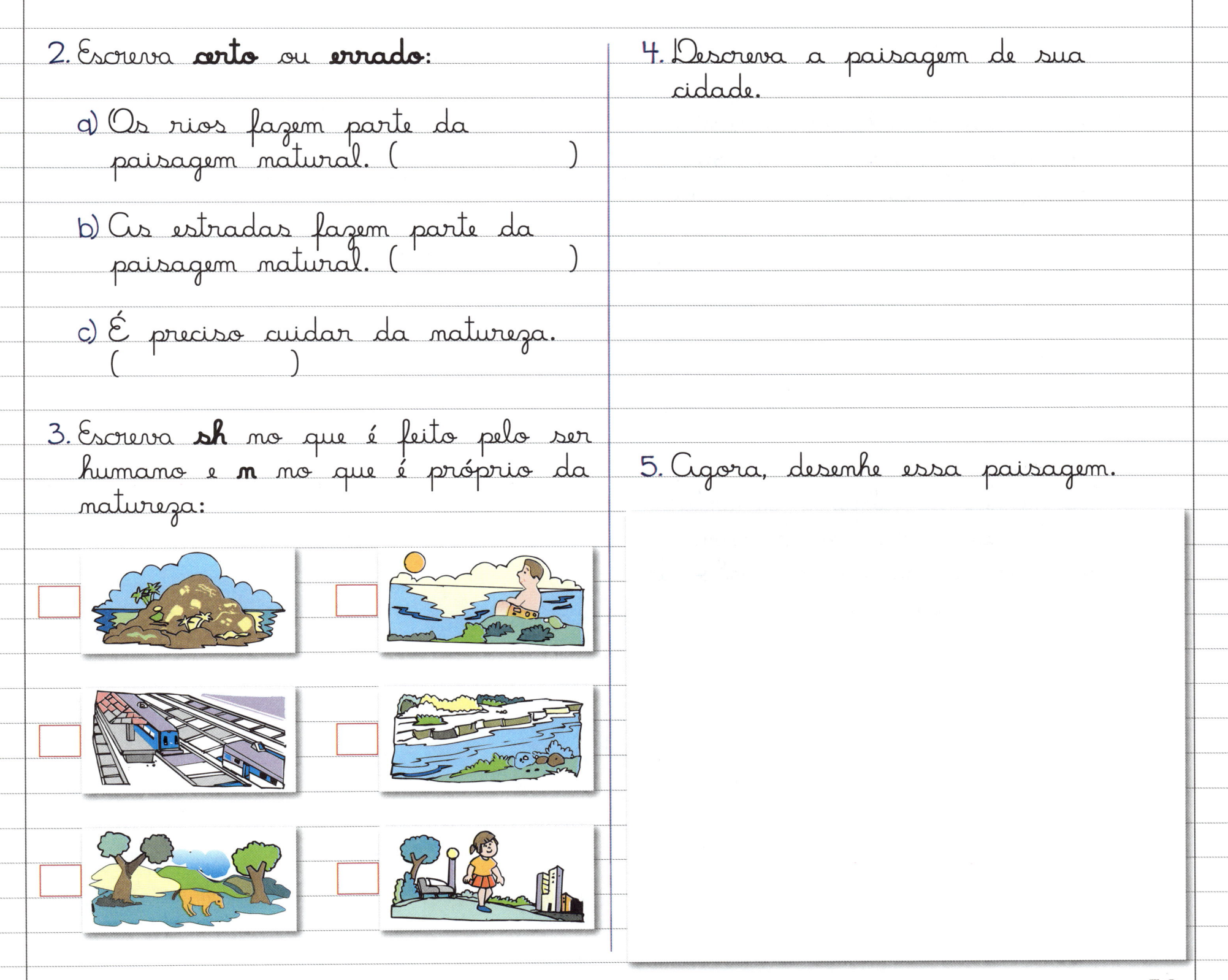

a) Os rios fazem parte da paisagem natural. (   )

b) As estradas fazem parte da paisagem natural. (   )

c) É preciso cuidar da natureza. (   )

3. Escreva **sh** no que é feito pelo ser humano e **n** no que é próprio da natureza:

4. Descreva a paisagem de sua cidade.

5. Agora, desenhe essa paisagem.

53

6. Escreva:

a) Os nomes de alguns elementos naturais que você vê em seu caminho de casa até a escola.

b) Os nomes de alguns elementos construídos pelo ser humano que você vê em seu caminho da escola até sua casa.

7. Pesquise e cole imagens de uma:

a) Paisagem natural

b) Paisagem modificada

8. Reúna-se com seus colegas para criar os 10 mandamentos da preservação da natureza:

1º

2º

3º

4º

5º

6º

7º

8º

9º

10º

BLOCO 9

CONTEÚDOS:
- Meios de transporte
- Os sinais de trânsito

Lembre que:

- O ser humano utiliza os **meios de transporte** para levar as pessoas e as mercadorias de um lugar para outro.

- São meios de transporte: carros, ônibus, trens, bicicletas, navios, helicópteros, carroças, entre outros.

- Existem três tipos de meios de transporte:
  → **terrestres:** são os que se locomovem pela terra (solo). São os carros, ônibus, trens, metrô, motos, bicicletas etc.
  → **aéreos:** são os que se locomovem pelo ar. Exemplos: o avião e o helicóptero.
  → **aquáticos:** são os que se locomovem pela água. São os navios, os barcos, as canoas, as lanchas, as jangadas, as balsas etc.

1. Escreva o nome dos meios de transporte que as pessoas estão usando:

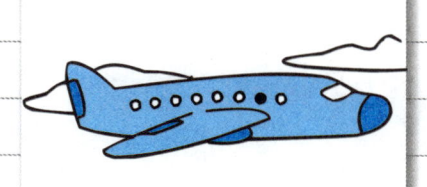

2. Complete os quadradinhos:

a) Transporte coletivo:

| | | | b | | |

b) Meio de transporte de tração animal:

| c | | | | ç | |

c) Meio de transporte que se locomove no ar:

| a | v | | | |

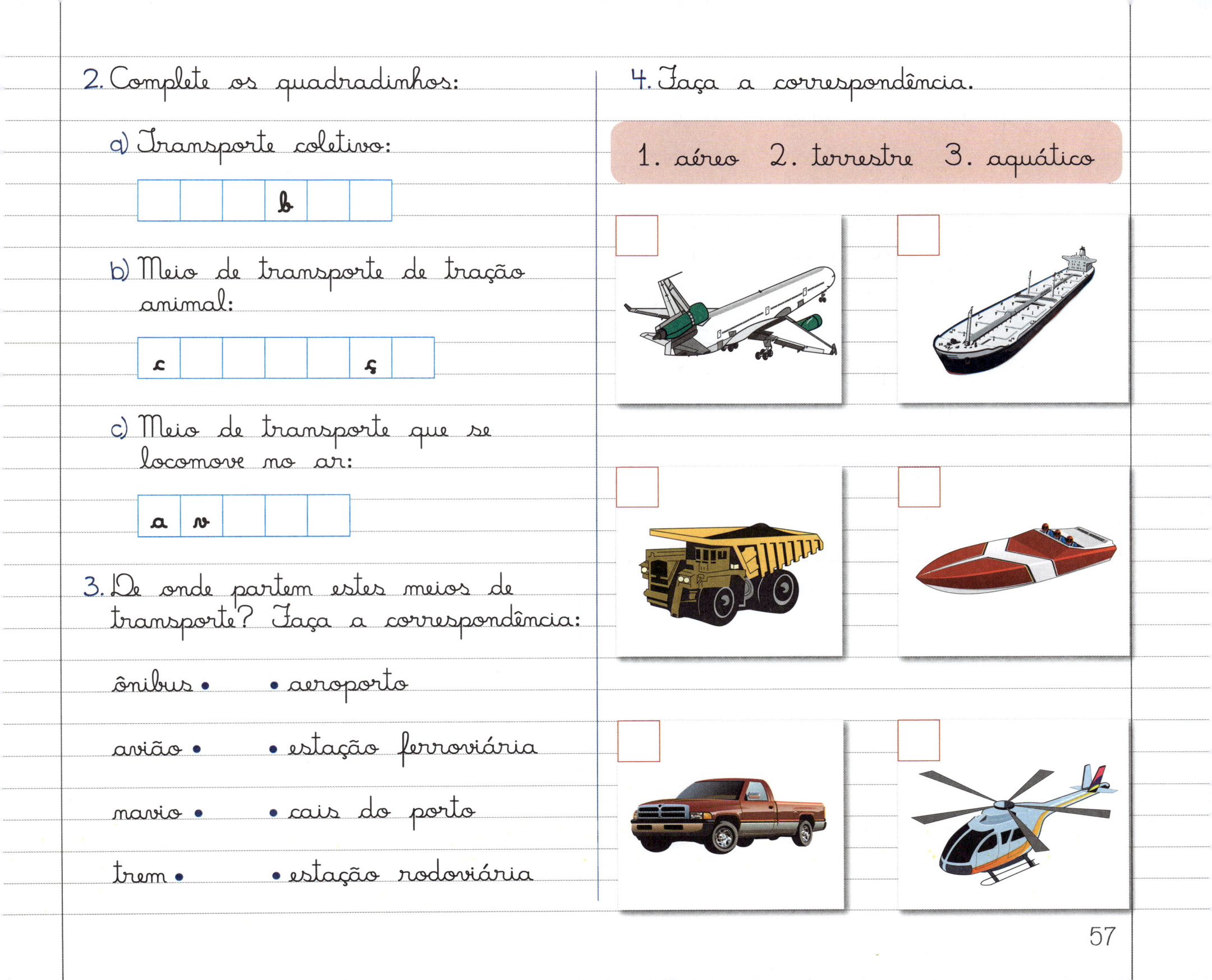

3. De onde partem estes meios de transporte? Faça a correspondência:

ônibus •   • aeroporto

avião •   • estação ferroviária

navio •   • cais do porto

trem •   • estação rodoviária

4. Faça a correspondência.

1. aéreo   2. terrestre   3. aquático

57

5. Escreva o nome dos meios de transporte nas colunas certas:

avião - barco - bicicleta
caminhão - carro - navio
ônibus - helicóptero - trem
balsa - lancha

terrestres	aquáticos	aéreos

6. Pesquise figuras de transportes. Depois, recorte-as e cole-as nos espaços correspondentes a seguir:

a) coletivo

b) particular

c) de carga

7. Escreva uma característica para cada meio de transporte:

Lembre que:

- **Trânsito** é o movimento de pessoas e veículos nas ruas, avenidas e estradas.
- Os **sinais de trânsito** servem para orientar os motoristas e os pedestres.
- As placas, os semáforos e as faixas de segurança para pedestre são sinais de trânsito.
- Os **guardas de trânsito** também orientam o movimento de veículos e pessoas nas ruas.
- O semáforo para pedestres tem duas cores:

  – **Vermelho** indica:
  Pare! Devo esperar os carros pararem.

  – **Verde** indica:
  Os carros pararam e eu posso atravessar a rua.

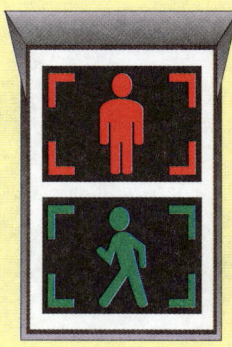

- Só devemos atravessar a rua quando o semáforo para pedestres estiver verde. Mesmo assim, devemos olhar para os dois lados para ter certeza de que todos os carros pararam.

- O semáforo para veículos tem três cores:

  – **Vermelho** indica: **Perigo! Pare!**

  – **Amarelo** indica: **Atenção!**

  – **Verde** indica: **Pode passar.**

8. O que é trânsito?

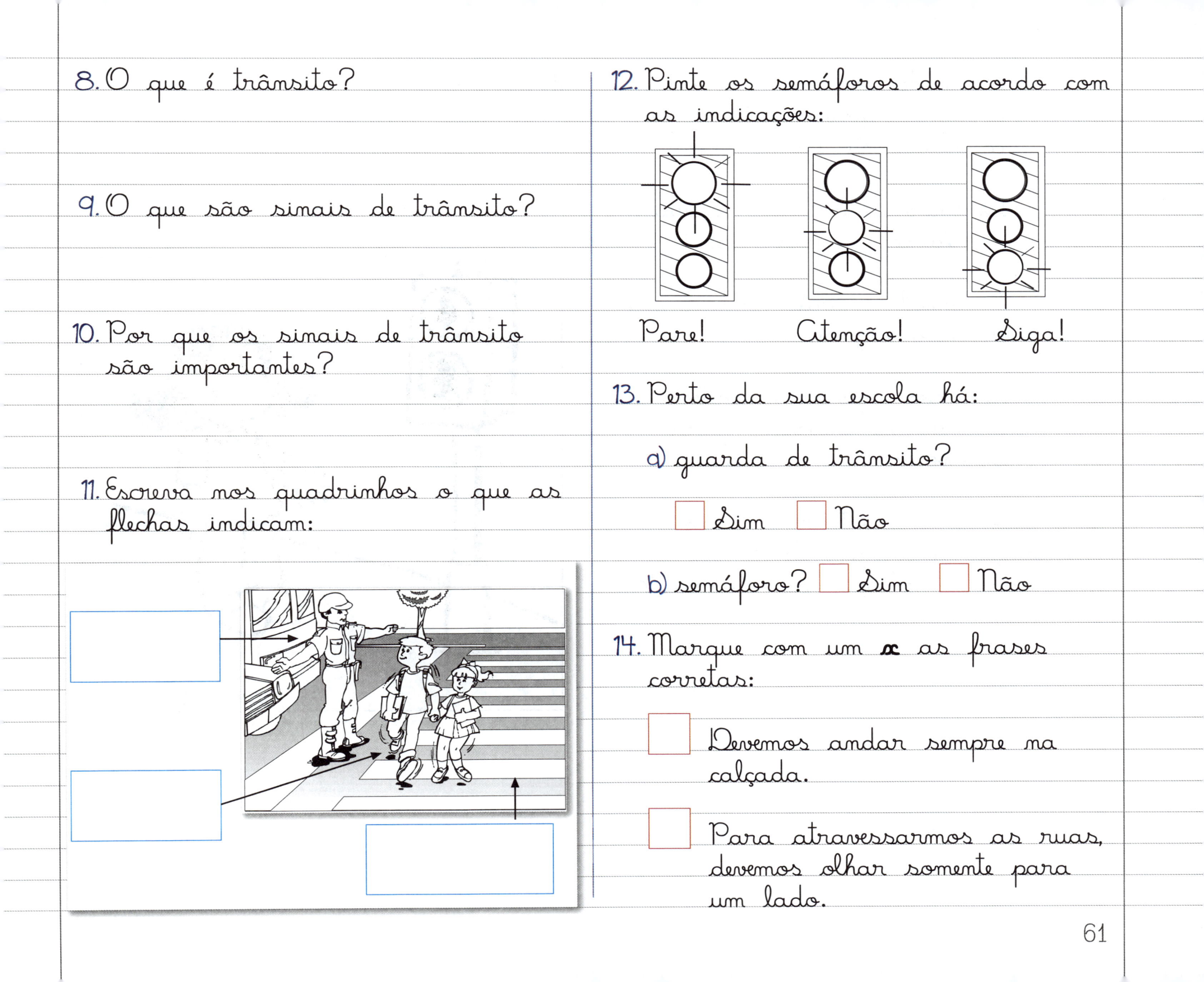

9. O que são sinais de trânsito?

10. Por que os sinais de trânsito são importantes?

11. Escreva nos quadrinhos o que as flechas indicam:

12. Pinte os semáforos de acordo com as indicações:

Pare!   Atenção!   Siga!

13. Perto da sua escola há:

a) guarda de trânsito?
☐ Sim ☐ Não

b) semáforo? ☐ Sim ☐ Não

14. Marque com um *x* as frases corretas:

☐ Devemos andar sempre na calçada.

☐ Para atravessarmos as ruas, devemos olhar somente para um lado.

☐ Só podemos descer de uma condução quando ela estiver completamente parada.

☐ Devemos atravessar a rua na faixa de pedestres.

☐ O sinal amarelo indica que devemos seguir.

☐ Devemos esperar a ordem do guarda de trânsito para atravessarmos a rua.

15. O que pode acontecer com as crianças que agem de forma errada em relação ao trânsito?

16. Escreva aqui algumas atitudes corretas que cada pessoa deve ter no trânsito.

Os pedestres devem:

Os motoristas devem:

17. Complete a cruzadinha com o nome dos elementos abaixo:

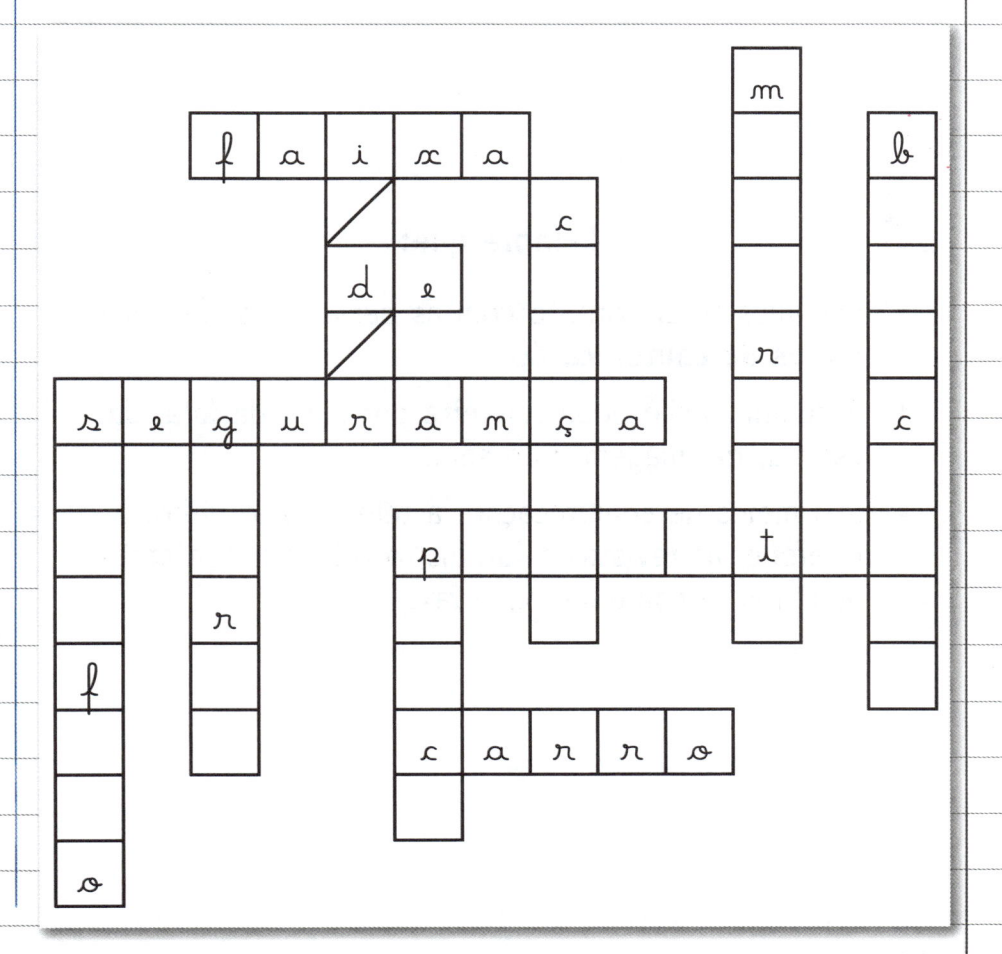

									m		
f	a	i	x	a							b
						c					
		d	e								
									r		
s	e	g	u	r	a	n	ç	a			c
					p			t			
		r									
f											
				c	a	r	r	o			
o											

63

BLOCO 10

CONTEÚDO:
- Meios de comunicação

Observe alguns meios de comunicação:

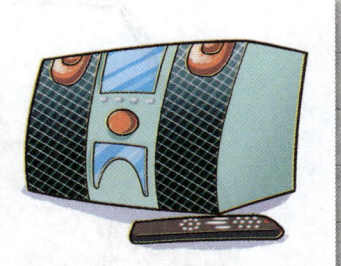

Lembre que:

- Podemos fazer contato com as pessoas por diversos **meios de comunicação**.
- A comunicação pode ser feita por meio da fala, da escrita, da imagem e do som.
- São meios de comunicação: a televisão, o rádio, o telefone, as revistas e jornais, o telegrama, a carta, os livros, o computador, o fax.

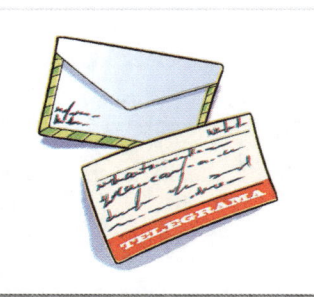

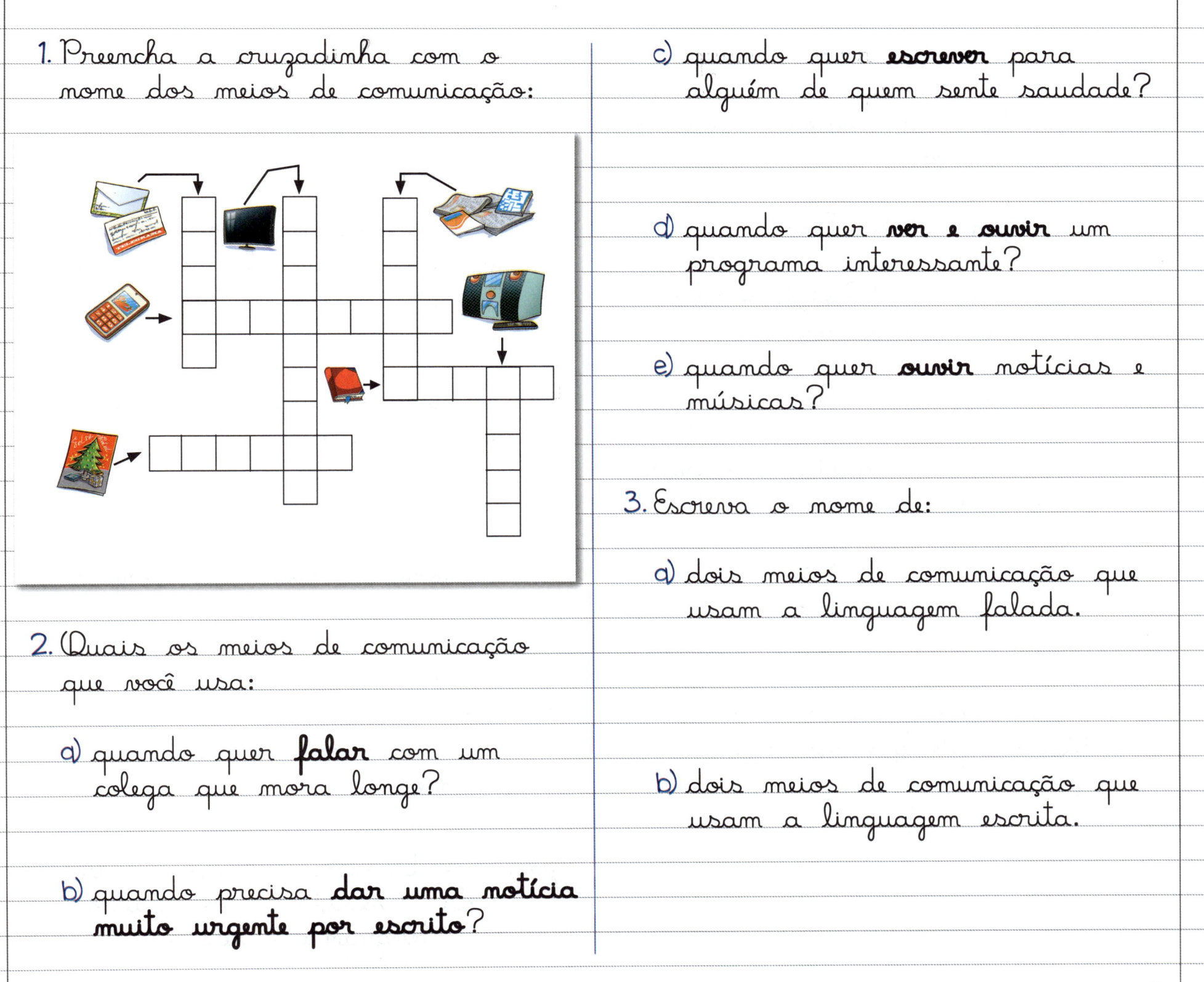

1. Preencha a cruzadinha com o nome dos meios de comunicação:

2. Quais os meios de comunicação que você usa:

a) quando quer **falar** com um colega que mora longe?

b) quando precisa **dar uma notícia muito urgente por escrito**?

c) quando quer **escrever** para alguém de quem sente saudade?

d) quando quer **ver e ouvir** um programa interessante?

e) quando quer **ouvir** notícias e músicas?

3. Escreva o nome de:

a) dois meios de comunicação que usam a linguagem falada.

b) dois meios de comunicação que usam a linguagem escrita.

65

4. Responda:

a) O teatro e o cinema são meios de comunicação?

☐ Sim ☐ Não

b) O avião e o helicóptero são meios de comunicação?

☐ Sim ☐ Não

c) O livro e a revista são meios de comunicação?

☐ Sim ☐ Não

5. Escreva:

a) o nome do programa de televisão de que você mais gosta.

b) o nome de um jornal da sua cidade.

c) o título de um livro que você já leu e do qual gostou muito.

d) o nome do lugar que recebe e distribui cartas.

e) o nome do local que compra e vende livros.

6. Quais destes meios de comunicação são usados em sua casa? Sublinhe-os.

jornal - televisão - telefone - livro
carta - revista - computador
telegrama - rádio

7. Observe a figura. O telefone público é muito importante para a comunicação entre as pessoas. Muitas pessoas danificam um bem público prejudicando a comunidade.

a) O que você pensa sobre essa atitude?

b) Que sugestões você daria às pessoas para que conservem os bens públicos?

8. Desenhe o meio de comunicação que:

transmite som e imagem	transmite notícias e músicas

BLOCO 11

CONTEÚDO:
- O trabalho

Lembre que:
- As pessoas trabalham nas escolas, nas lojas, nas fábricas, nos hospitais, nas plantações, na criação de animais e em outras atividades.
- Cada trabalhador tem uma profissão, ou seja, uma atividade.
- Salário é o dinheiro que as pessoas recebem como pagamento pelo seu trabalho.

Mecânico — Conserta carros.

Professora — Ensina aos alunos.

Médico — Trata os doentes.

1. Escreva o que cada profissional faz:

a) fotógrafo

b) dentista

c) sapateiro

d) gari

e) alfaiate

f) faxineiro

2. Ligue cada profissional aos seus instrumentos de trabalho:

3. Quem usa estes outros instrumentos? Escreva o nome dos profissionais.

4. Numere corretamente, relacionando cada profissional ao seu local de trabalho:

5. Onde trabalham estes outros profissionais?

a) operário

b) cozinheira

c) agricultor

d) enfermeira

e) professor

f) feirante

g) farmacêutico

h) carteiro

6. Escreva o nome de algumas pessoas que trabalham na sua escola e as funções que elas exercem:

nome:

função:

nome:

função:

nome:

função:

7. Complete a cruzadinha:

1. Conserta sapatos.
2. Constrói casas.
3. Tira fotografias.
4. Costura ternos.
5. Faz pão.
6. Ensina aos alunos.
7. Trata dos dentes das pessoas.
8. Faz trabalhos manuais.
9. Dirige ônibus.

p
r
o
f
i
s
s
ã
o

8. Observe a figura e responda:

a) O que o menino está fazendo?

b) Qual é a profissão dele?

c) Você considera correto as crianças trabalharem? Por quê?

9. Entreviste um profissional. Siga o roteiro abaixo:

a) Qual é o seu nome?

b) Qual é a sua profissão?

c) Onde você trabalha?

d) O que você faz no seu trabalho?

e) Quais são os instrumentos que você usa no seu trabalho?

f) O que você mais gosta de fazer no seu trabalho?

g) Faça uma ilustração do profissional que você entrevistou.

10. Agora, conte em um texto a história desse profissional, que você entrevistou.

BLOCO 12

CONTEÚDO:
- Festas e datas comemorativas

FESTAS E DATAS COMEMORATIVAS

Carnaval

Páscoa

Dia Nacional do Livro Infantil

Dia do Índio

Dia de Tiradentes

Dia do Descobrimento do Brasil

Dia do Trabalho

Dia das Mães

Festas Juninas

Dia dos Pais

Dia do Folclore

Dia da Pátria

Dia da Árvore

Dia da Criança

Dia do Professor

Proclamação da República

Dia da Bandeira

Natal

Carnaval

O carnaval é considerado uma das festas mais populares e tradicionais do Brasil.

Dura quatro dias, acontece em fevereiro ou março, quarenta dias antes da Semana Santa.

Páscoa

A Páscoa, para os cristãos, está ligada à ressurreição de Jesus Cristo. É uma festa que os cristãos comemoram em março ou abril.

Os ovos e o coelhinho são considerados símbolos da Páscoa. Os ovos representam o início da vida, e o coelho, a fertilidade.

1. Como é o carnaval na sua cidade?

2. Você gosta de brincar o carnaval?

☐ Sim   ☐ Não

Como você costuma brincar?

3. Para você, o que é a Páscoa?

4. A sua família comemora a Páscoa? Como?

5. Responda:

a) O que comemoramos na Páscoa?

b) O que quer dizer ressuscitar?

c) Pesquise outros símbolos da Páscoa e seus significados.

d) Faça um desenho que represente a Páscoa.

Dia Nacional do Livro Infantil – 18 de abril

Comemoramos o dia do livro nesta data para homenagear um grande escritor brasileiro chamado Monteiro Lobato.

Ele escreveu muitos livros para crianças e adultos e criou personagens famosos como a boneca Emília.

A principal obra de Monteiro Lobato é **As Reinações de Narizinho**, onde se dá início às histórias fantásticas do **Sítio do Picapau Amarelo**.

6. Complete a frase:

O Dia Nacional do Livro Infantil é comemorado em _____, em homenagem a um grande _____ brasileiro chamado _____.

7. Pesquise e cite 3 obras escritas por Monteiro Lobato.

8. Pesquise sobre Monteiro Lobato e responda:

a) Qual é o nome completo de Monteiro Lobato?

b) Em que cidade e estado ele nasceu?

c) Em que dia, mês e ano?

d) O que ele mais gostava de fazer?

77

e) Qual é a sua obra mais famosa na literatura infantil?

f) O que você mais gostou de saber sobre a vida de Monteiro Lobato?

9. Você já leu algum livro escrito por Monteiro Lobato?

☐ Sim   ☐ Não

Caso tenha lido, escreva o título.

10. Faça uma pesquisa sobre cada personagem do Sítio do Picapau Amarelo e complete:

a) Nome próprio de Narizinho:

b) Boneca de pano falante:

c) Personagem que conta histórias para os seus netos:

d) Neto que mora na cidade e passa férias no sítio:

e) Sábio feito de sabugo de milho:

Dia do Índio – 19 de abril

Antes da chegada dos portugueses ao Brasil, moravam aqui povos que eram os verdadeiros donos das terras. Esses povos receberam o nome de **índios**.

Os povos indígenas:

→ foram os primeiros habitantes do Brasil.

→ vivem em grupos denominados tribos.

→ alimentam-se de raízes, frutas, peixes e animais.

→ gostam de pintar o corpo com tintas extraídas de plantas e de se enfeitar com colares de penas coloridas.

Atualmente existem poucas tribos indígenas no Brasil.

11. Responda:

a) Em que data comemoramos o Dia do Índio?

b) Onde moram os índios?

c) Do que eles se alimentam?

d) O que gostam de fazer?

12. Escreva dentro do quadro o que significa Funai:

13. Qual é a situação dos índios atualmente no Brasil?

14. Procure no diagrama as atividades desenvolvidas pelos índios.

caçar - plantar - pintar
construir - pescar - colher
brincar - cozinhar

N	J	A	P	R	B	C	A	S	C
C	O	N	S	T	R	U	I	R	O
O	S	U	M	P	I	R	T	E	Z
L	P	L	A	N	T	A	R	I	I
H	D	O	X	E	C	R	B	G	N
E	P	E	S	C	A	R	A	V	H
R	C	A	Ç	A	R	P	B	U	A
M	S	Q	G	P	I	N	T	A	R

15. Cole imagens ou faça desenhos que representem:

Um índio trabalhando

Uma índia trabalhando

16. Pesquise e cole no espaço abaixo reportagens sobre os índios:

Dia de Tiradentes – 21 de abril

O Brasil era uma colônia de Portugal desde 1500. Depois de muitos anos, alguns brasileiros se revoltaram contra a exploração de Portugal, que cobrava impostos muito altos, empobrecendo o Brasil.

Em Minas Gerais, formou-se um grupo de brasileiros – poetas, médicos, padres e militares – que fez um plano para separar o Brasil de Portugal. Esse movimento recebeu o nome de Inconfidência Mineira e um dos seus líderes foi Joaquim José da Silva Xavier, conhecido como **Tiradentes**.

Alguns traidores denunciaram o movimento. Os inconfidentes foram presos e Tiradentes, condenado à morte.

Tiradentes foi enforcado no Rio de Janeiro, em 21 de abril de 1792.

17. De acordo com o texto, responda:

   a) Qual é o nome completo de Tiradentes?

   b) Qual era o nome do movimento organizado por Tiradentes?

   c) Onde e quando morreu Tiradentes?

18. Procure saber o significado da palavra **inconfidência** e anote-o aqui.

19. Na sua opinião, Tiradentes estava certo em lutar pela independência do Brasil? Justifique.

82

Dia do Descobrimento do Brasil – 22 de abril

No final do século XV, o rei de Portugal, D. Manuel, organizou uma esquadra de caravelas e navios, comandada por Pedro Álvares Cabral.

No dia 22 de abril de 1500, a esquadra avistou um monte, que recebeu o nome de **Monte Pascoal.**

Pensando que fosse uma ilha, Cabral denominou a terra descoberta **Ilha de Vera Cruz.** Mais tarde, ao constatar o engano, o nome foi mudado para **Terra de Santa Cruz.**

Como havia aqui grande quantidade de pau-brasil, uma árvore de madeira cor de brasa da qual se extraía uma tinta vermelha que servia para tingir tecidos, a terra passou a ser chamada **Brasil.**

20. Responda sobre o Brasil em 1500:

   a) Quem comandava a esquadra do descobrimento?

   b) Em que dia o Brasil foi descoberto?

   c) Quais eram os meios de transporte utilizados pelos portugueses?

   d) De onde saiu a esquadra?

21. Faça a correspondência:
Nomes dados às terras descobertas por Cabral:

   1. O 1º nome
   2. O 2º nome
   3. O 3º nome
   4. O 4º nome

   ☐ Brasil

   ☐ Monte Pascoal

   ☐ Ilha de Vera Cruz

   ☐ Terra de Santa Cruz

22. Qual é a razão do nome Brasil?

Dia do Trabalho – 1º de maio

O trabalho é muito importante na vida das pessoas. É com o trabalho que homens e mulheres obtêm o sustento de suas famílias.

Nós também dependemos do trabalho de outras pessoas para viver.

Por isso, todo trabalho é útil e todos os trabalhadores merecem o nosso respeito.

24. O que você quer ser quando crescer?

23. Na sua opinião, por que os portugueses queriam ser donos do Brasil?

25. De acordo com o que você respondeu, como será o seu trabalho?

26. Entreviste um trabalhador. Siga o roteiro abaixo:

a) Qual é o seu nome?

b) Qual é a sua profissão?

c) Onde você trabalha?

d) Qual é o meio de transporte que você usa para ir ao trabalho?

e) Há quanto tempo você trabalha?

f) Como é o seu trabalho?

g) Você gosta do seu trabalho?

h) Dê o nome de um trabalhador que você admira. Por quê?

85

Dia das Mães

O Dia das Mães é sempre comemorado no segundo domingo de maio.

Mãe é aquela que está sempre ao nosso lado, acompanhando o nosso crescimento com carinho e segurança.

27. Qual é o nome de sua mãe? Escreva no quadro abaixo:

28. Faça corações nas frases que você gostaria de dizer à sua mãe.

Amo você!

Quero fazer você chorar.

Quero te dar muitos beijos.

Sinto tristeza...

Você é minha felicidade.

Meu carinho para você.

29. Escreva, no espaço abaixo, o que você mais admira em sua mãe.

86

30. O que você gostaria de dizer à sua mãe no Dia das Mães? Escreva o seu recadinho:

Festas juninas

Como já diz o nome, essas festas são realizadas no mês de junho para homenagear:

→ Santo Antônio, no dia 13 de junho;

→ São João, no dia 24 de junho;

→ São Pedro, no dia 29 de junho.

Essas festas fazem parte do folclore brasileiro. São realizadas em diferentes lugares do Brasil.

Nas festas juninas, é costume dançar quadrilha, comer pipoca, milho verde assado ou cozido, pé de moleque, pamonha, bolo de fubá etc.

31. Complete:

a) No mês de _____ são realizadas as festas _____.

b) No dia 13 comemora-se o dia de _____.

c) No dia _____ comemora-se o dia de São João.

d) No dia 29 comemora-se o dia de _____.

e) Nas festas juninas, as pessoas se reúnem, dançam _____, comem _____, _____ etc.

32. Do que você mais gosta nas festas juninas?

33. Pesquise e escreva como se comemoram as festas juninas na sua cidade:

34. Pesquise uma letra de música de festas juninas e escreva um trecho dela abaixo:

35. Desenhe e pinte o trecho da música que você escolheu:

Dia dos Pais

Comemora-se o Dia dos Pais no segundo domingo de agosto.

Você pode fazer muitas coisas para demonstrar o que sente por seu pai.

36. Faça um cartão para seu pai.

37. Escreva uma carta para o seu pai ou para o pai de alguém a quem você queira dizer algo muito especial.

Dia do Folclore – 22 de agosto

O folclore é a cultura popular, ou seja, a maneira de pensar, de agir e de sentir de um povo, que é transmitida de geração a geração.

O folclore brasileiro possui influência de povos indígenas, africanos, europeus e outros.

Fazem parte do nosso folclore as músicas, as lendas, as adivinhas, os provérbios, as parlendas, as brincadeiras, as festas, as crianças etc.

38. Escreva a letra de uma canção folclórica que você conhece.

39. Tente adivinhar:

a) O que é, o que é?
Quanto maior, menos se vê?

b) O que é, o que é?
A gata tem e nenhum outro bicho tem?

c) O que é, o que é?
Passa pela água e não se molha, passa pelo sol e não se queima?

d) Escreva a sua adivinha:
O que é, o que é?

40. As parlendas são versos para brincar e se divertir. Veja:

"Chuva choveu,
Goteira pingou,
Pergunte ao papudo
Se o papo molhou."

Pergunte a alguém sobre uma parlenda e a escreva aqui.

41. Estas são algumas brincadeiras que fazem parte do nosso folclore. Escreva o nome delas:

42. As lendas são histórias fantasiosas em que o real e o imaginário se misturam, como, por exemplo, "A mula sem cabeça". Pesquise outros títulos de lendas conhecidas e escreva-os aqui.

43. Escolha uma das lendas que você pesquisou e ilustre-a no espaço abaixo.
Título:

Dia da Pátria – 7 de setembro

O Brasil é a nossa Pátria.

Dedicamos o dia 7 de setembro à nossa Pátria.

Muitos brasileiros lutaram e morreram para que o Brasil se tornasse independente de Portugal.

D. Pedro I proclamou a Independência do Brasil no dia 7 de setembro de 1822, às margens do riacho do Ipiranga, em São Paulo, dando o grito: "Independência ou Morte".

A partir dessa data, o Brasil deixou de ser uma colônia portuguesa.

44. Marque com um *x* a resposta certa:

a) Nossa Pátria chama-se:

☐ Brasil.
☐ Portugal.
☐ São Paulo.

b) A Independência do Brasil foi proclamada no dia:

☐ 17 de novembro de 1822.
☐ 21 de abril de 1822.
☐ 7 de setembro de 1822.

c) A Independência do Brasil foi proclamada por:

☐ Pedro Álvares Cabral.
☐ D. Pedro I.
☐ D. Manuel.

45. Pinte a faixa que contém a frase que D. Pedro I exclamou quando proclamou a Independência do Brasil:

| "Viva a Pátria" |
| "Independência ou Morte!" |
| "Os brasileiros estão independentes!" |

46. Para você, o que é um país independente? Justifique.

47. Você conhece o Hino da Independência?
Pesquise e anote quem compôs a letra e a música do hino.

Hino da Independência do Brasil

Letra:

Música:

48. Você é bom em Matemática? Responda à pergunta: Há quantos anos o Brasil é um país independente?

49. Observe o acróstico com a palavra Brasil.

```
        B r a s i l e i r o
          r e s p e i t o
    t e r r a
          s o n h o
    p á t r i a
          l i b e r d a d e
```

Agora é a sua vez de fazer um acróstico com a palavra Pátria.

```
    P
    á
    t
    r
    i
    a
```

Dia da Árvore – 21 de setembro

No dia 21 de setembro comemoramos o Dia da Árvore.

As árvores são muito importantes para os seres humanos e para a natureza.

Quando for necessário derrubar uma árvore, devemos plantar outra no seu lugar.

50. Pense e responda:

Qual é a importância da árvore para:

a) o ser humano?

b) os animais?

51. Procure observar uma árvore plantada em sua casa, em sua rua ou mesmo próximo à sua escola e responda às seguintes perguntas:

a) Que tipo de árvore você observou? É uma árvore frutífera?

b) De onde você acha que ela nasceu? De uma semente ou de uma muda?

c) Qual é o seu tamanho?

d) Como é o seu tronco? Casca grossa ou fina?

e) Como são as suas folhas?

f) Do que ela se alimenta?

52. Procure no dicionário o significado da palavra **preservar**. Leia-o e depois escreva com suas palavras o significado.

53. Leia e depois faça uma ilustração de acordo com o texto.

> Quando for necessário derrubar uma árvore, devemos plantar outra no seu lugar. Assim estamos conservando a natureza, da qual dependemos para viver, pois as árvores são a vida de nosso planeta e pretegê-las é proteger a terra e seus habitantes.

Semana do Trânsito
De 18 a 25 de setembro.

54. Leia.

Ande sempre na calçada pelo lado direito.

Crianças devem viajar sempre no banco de trás.

Respeite a sinalização.

Atravesse sempre na faixa de pedestres.

Conte sempre com a ajuda do guarda de trânsito.

97

Nunca coloque a cabeça para fora do veículo.

Olhe sempre para os dois lados antes de atravessar a rua.

Não peça nem aceite carona de estranhos.

Verifique antes de atravessar se todos os veículos estão parados mesmo quando o sinal estiver verde para você.

Use o cinto de segurança.

Faça a travessia sempre em linha reta.

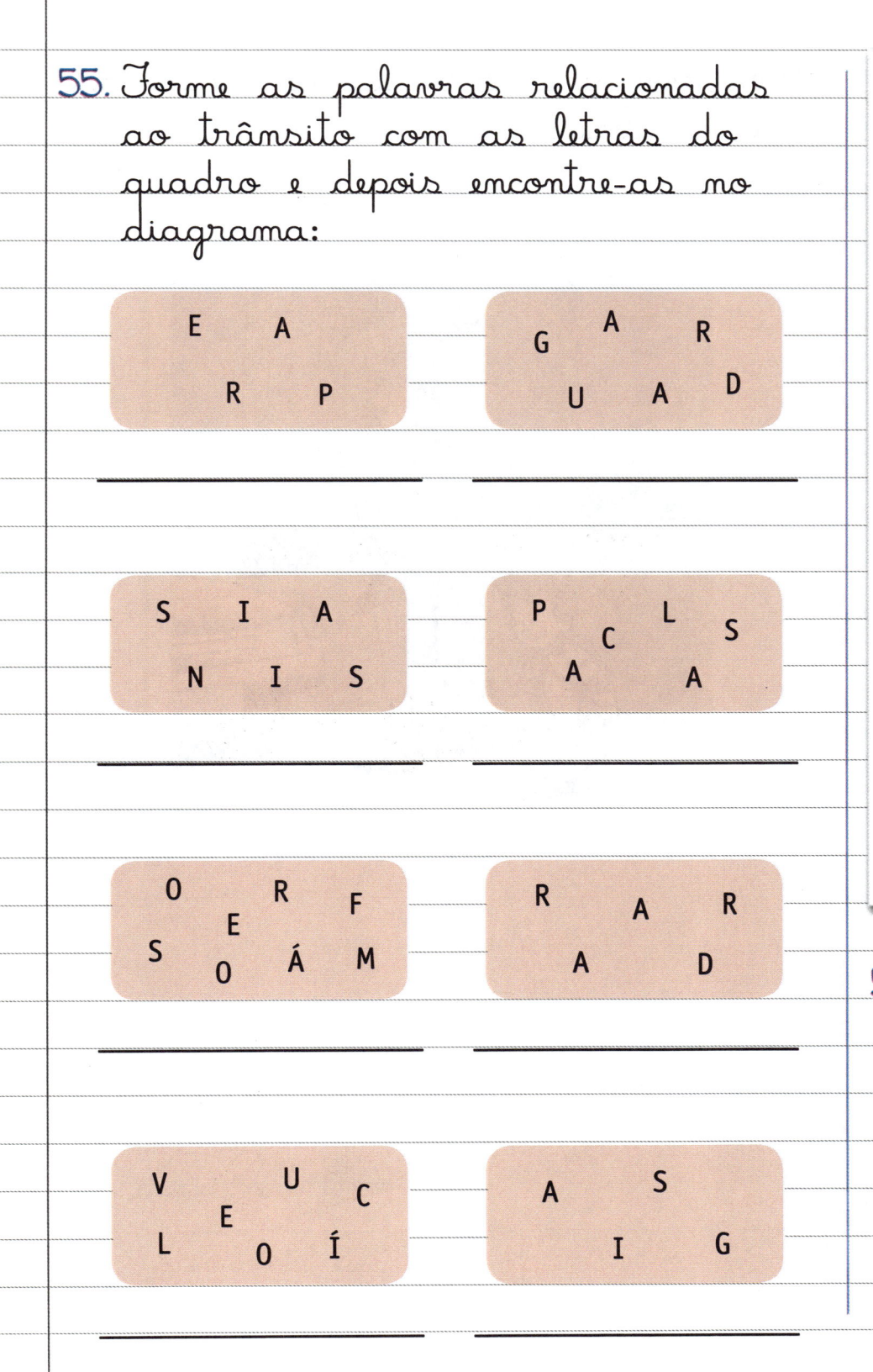

55. Forme as palavras relacionadas ao trânsito com as letras do quadro e depois encontre-as no diagrama:

E A R	G A R
R P	U A D

S I A	P C L S
N I S	A A

O R F	R A R
S E Á M	A D
O	

V U C	A S
L E Í	I G
O	

N	J	A	P	L	A	C	A	S	C	A	V
C	O	N	S	T	R	U	I	R	O	C	E
O	S	U	M	P	I	R	S	E	Z	F	Í
L	I	P	L	A	P	T	I	R	I	X	C
H	N	O	X	E	A	R	G	G	S	T	U
E	A	G	U	A	R	D	A	V	E	W	L
R	I	A	Ç	A	E	P	B	U	M	T	O
M	S	Q	G	P	I	N	T	A	Á	A	W
A	T	A	F	G	Y	H	J	L	F	H	S
B	W	P	O	L	K	J	H	G	O	V	D
D	R	A	D	A	R	B	V	Z	R	X	A
S	M	E	C	R	E	T	A	R	O	A	M

56. Discuta com um colega qual norma de trânsito não está sendo cumprida por vocês e que risco vocês correm.

57. Pesquise e cole uma reportagem sobre o trânsito em sua cidade.

58. Escreva uma história com base na cena abaixo:

59. Numere as cenas de acordo com as frases.

1. É necessário olhar para os dois lados antes de atravessar a rua.
2. Só atravessar na faixa de segurança.
3. Pare!
4. Atenção!
5. Siga!
6. Siga as indicações do guarda de trânsito.

Dia das Crianças – 12 de outubro

Existe um documento, criado em 1959, que tem como objetivo garantir que toda criança e todo adolescente tenham seus direitos respeitados.

Esse documento é chamado **Declaração Universal dos Direitos da Criança e do Adolescente** e apresenta dez princípios.

Os Direitos da Criança e do Adolescente

Direito à saúde.

Direito à alimentação.

Direito à convivência familiar e comunitária.

Direito à educação.

Direito ao lazer.

Direito à liberdade.

Direito à cultura.

Direito à profissionalização.

60. Como se chama o documento que garante os direitos da criança e do adolescente?

61. Você acha que esses direitos são respeitados? Justifique.

62. Pinte as cenas que mostram os direitos da criança sendo respeitados.

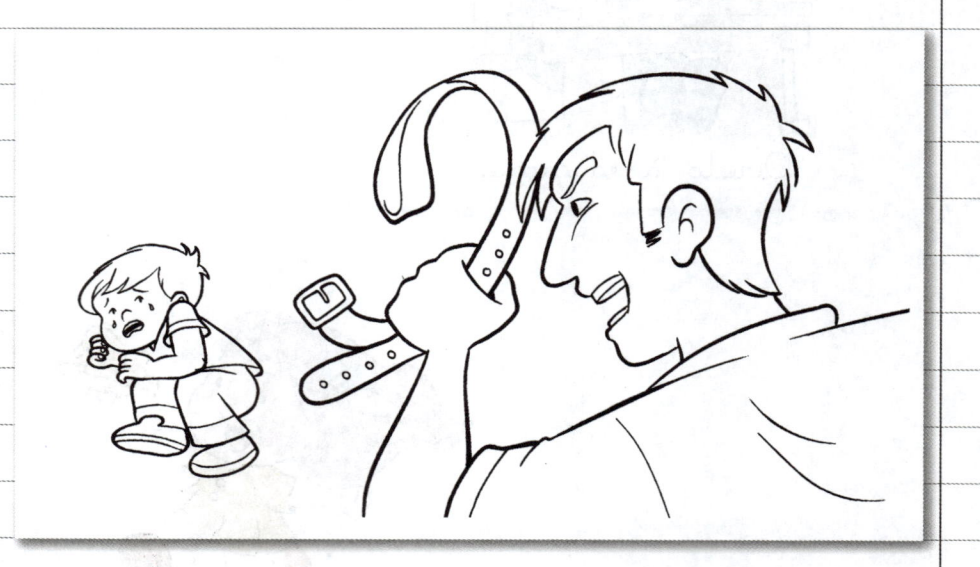

105

63. Com seus colegas, estabeleça 10 direitos e 10 deveres que vocês consideram importantes para uma convivência harmônica em sua escola, sua comunidade e sua família.

Direitos	Deveres
1.	1.
2.	2.
3.	3.
4.	4.
5.	5.
6.	6.
7.	7.
8.	8.
9.	9.
10.	10.

Dia do Professor – 15 de outubro

No dia 15 de outubro, em todo o território nacional, comemora-se o Dia do Professor.

O professor tem um papel muito importante no futuro de uma nação. Ele nos ensina a ler, a escrever, a calcular e a conhecer melhor o mundo em que vivemos.

64. Responda:

a) O que comemoramos no dia 15 de outubro?

b) O que os nossos professores nos ensinam na escola?

c) Como você acha que devemos tratar os professores?

d) O que você admira no seu professor?

65. Escreva uma frase sobre o seu professor.

66. Faça um desenho para homenagear os professores de todo o Brasil.

Proclamação da República – 15 de novembro

Durante muitos anos, o Brasil foi governado pelos imperadores D. Pedro I e D. Pedro II.

Muitos brasileiros desejavam mudar a forma de governo e iniciaram uma campanha para que o Brasil tivesse um **governo republicano**, isto é, **eleito pelo povo.**

No dia **15 de novembro de 1889**, o Marechal Deodoro da Fonseca proclamou a **República**. O Brasil passou a ser governado por um presidente eleito pelo povo.

O **primeiro presidente do Brasil** foi o próprio **Marechal Deodoro da Fonseca.**

67. Complete as frases de acordo com o que você leu:

a) Foi o _____ quem proclamou a República do Brasil.

b) A República foi proclamada no dia _____ .

c) Na República, é o _____ quem governa o país.

68. Ligue corretamente:

o primeiro presidente do Brasil foi •
 • D. Pedro II
 • Deodoro da Fonseca
 • Duque de Caxias

na República, o presidente •
 • não é eleito pelo povo
 • é um imperador
 • é eleito pelo povo

69. Escreva o nome do(a) atual presidente do Brasil.

70. Se você pudesse votar, quem escolheria para governar o nosso país?

71. Recorte de jornais ou revistas uma foto do(a) atual presidente do Brasil e cole-a aqui. Depois, escreva o nome dele(a).

72. Pesquise e anote no espaço abaixo a opinião de seus pais sobre como o(a) atual presidente está governando nosso país.

Dia da Bandeira – 19 de novembro

A Bandeira Nacional é o maior símbolo da Pátria. Ela foi instituída no dia 19 de novembro de 1889.

Cada cor que compõe nossa bandeira tem um significado:

→ o verde: as matas;

→ o amarelo: o ouro;

→ o azul: o céu estrelado;

→ o branco: a paz.

Dentro do globo azul, encontramos uma faixa branca com a seguinte frase: "Ordem e Progresso".

73. Responda:

a) Qual é o maior símbolo da nossa Pátria?

b) Em que data comemoramos o Dia da Bandeira?

74. Escreva as cores da nossa bandeira e o significado de cada uma delas:

Cores	Significado

75. Pinte a Bandeira Nacional e escreva em seguida as palavras que aparecem na faixa branca:

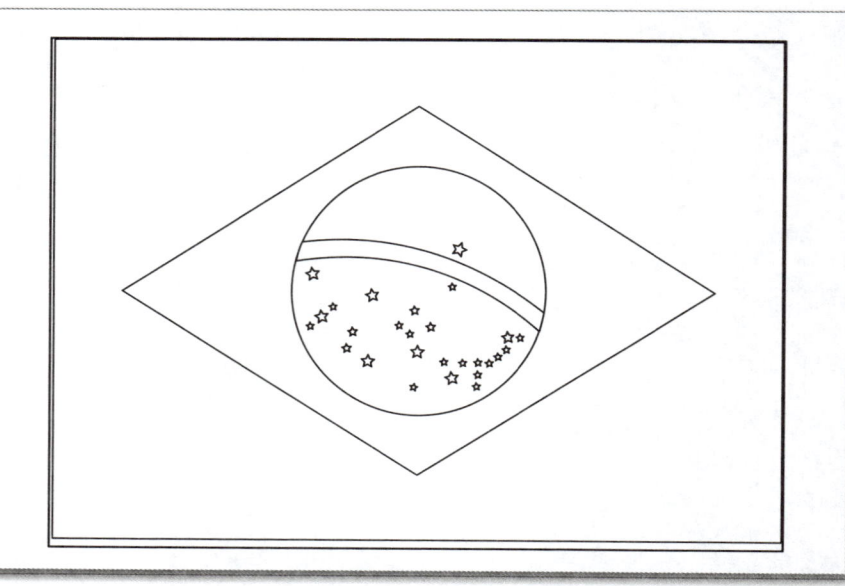

76. Você conhece o Hino à Bandeira Nacional? Pesquise e anote quem compôs a letra, a música e quantas estrofes ele tem.

Hino à Bandeira Nacional

Letra:

Música:

Estrofes:

77. Pesquise e escreva nos retângulos as horas em que normalmente acontecem o hasteamento e o arriamento da bandeira:

a) hasteamento

b) arriamento

78. Crie um texto usando as seguintes palavras:

bandeira - Pátria - símbolo
Ordem e Progresso
19 de novembro

Natal – 25 de dezembro

O Natal é a festa em que os cristãos comemoram o nascimento de Jesus Cristo.

A partir daí, surgiram vários símbolos que representam o Natal. São eles: a árvore, o Papai Noel, a vela, o sino etc.

79. Responda:

a) O que significa o Natal?

b) Em que dia se comemora o Natal?

80. Escreva a maneira como sua família comemora o Natal.

81. Escreva uma mensagem de Natal para uma pessoa de que você gosta muito.